ALLOCUTION

PRONONCÉE

Par M. l'Abbé ROUSSELOT

AU

MARIAGE

DE

Monsieur et Madame Montalbetti

EN

L'ÉGLISE SAINT-ÉTIENNE-DU-MONT

Le 8 juin 1904

ALLOCUTION

PRONONCÉE

Par M. l'Abbé ROUSSELOT

AU

MARIAGE

DE

Monsieur et Madame Montalbetti

EN

L'ÉGLISE SAINT-ÉTIENNE-DU-MONT

Le 8 juin 1904

ALLOCUTION

PRONONCÉE PAR M. L'ABBÉ ROUSSELOT

AU MARIAGE DE

Monsieur et Madame Montalbetti

EN L'ÉGLISE SAINT-ÉTIENNE-DU-MONT

le 8 juin 1904

Mes chers enfants,

La cérémonie qui nous réunit aujourd'hui dans une discrète intimité reporte mes pensées à plus de trente ans en arrière. En décembre 1870, dans la chapelle du séminaire, soigneusement close, et non, comme cela se pratiquait d'ordinaire, dans la cathédrale, aux regards de tous, je consacrais ma vie aux fidèles de J.-C. et s'accomplissait le mariage mystique de mon âme avec son Église. Aucun témoin de l'auguste cérémonie. Ni père, ni mère, ni sœur, ni aucun ami ne put faire céder l'inflexible consigne. Mais vous dirai-je combien ce mystère de mon ordination a touché mon âme et quelle suave odeur il a répandue sur toute ma vie? Plus éloigné du monde, je me suis senti plus près de Dieu.

Ainsi (je l'espère) en sera-t-il pour vous. L'isolement auquel, pour me complaire, vous vous êtes résignés, est moins complet que n'a été le mien. Si vous avez à regretter, mon cher fils, l'absence de votre père, de votre frère et de son épouse qui est une sœur pour vous, du moins, ma chère fille, vous êtes soutenue par la présence de votre mère, de votre tante, de votre frère et des quelques amis que réclame la publicité de votre mariage. Toutefois l'intimité est suffisante. Et j'ai la conviction que vos cœurs affranchis de toutes les conventions du monde, moins distraits par les apprêts d'une solennité pompeuse, seront plus touchés par la sainteté de l'action que vous allez faire : plus loin du monde, vous vous sentirez plus près de Dieu.

Reconnaissez avec moi les voies adorables de la Providence à votre égard. Vous êtes né, mon cher fils, dans ces plaines de la Gaule cisalpine où nos ancêtres se sont souvent rencontrés avec les vôtres. Il a fallu le désir de vous perfectionner dans votre art pour vous amener à Paris. Mais la main qui vous y conduisait vous préparait à votre insu un plus grand bonheur. Celle qui vous était destinée comme épouse y était amenée à son tour. C'est par ces coups du hasard, nous disons, nous, de la Providence, que se révèle aux âmes attentives et aux cœurs droits l'action de Dieu sur nous. Vous vous êtes rencontrés, et vous vous êtes aimés. Les considérations d'avenir, de fortune, n'ont été pour rien dans votre choix. Vous n'avez obéi qu'à la voix de vos cœurs. Vous vous épousez parce que vous vous aimez. C'est une sécurité pour l'avenir, je n'ose pas dire une garantie. De garantie, il n'y en a qu'une seule, l'amour du devoir et du sacrifice. S'aimer quand on y trouve du bonheur n'est pas un acte héroïque ; s'aimer par vertu jusqu'à sacrifier à l'objet aimé ses goûts, ses préférences son plaisir : voilà l'amour véritable. Et vous n'avez pas encore eu l'occasion de mettre le vôtre à l'épreuve, car l'épreuve ne s'est pas encore présentée. Mais elle se présentera, il n'y a pas à en douter, et peut-être plus tôt que vous ne pensez. J'espère que vous en sortirez triomphants, et que votre amour en deviendra plus fort, plus tendre, plus sûr de lui-même. Mais pour qu'il en soit ainsi, résistez à l'égoïsme, à tous ces sentiments vils qui déshonorent tant d'unions et qui finissent par les rompre.

N'attendez pas à plus tard pour vous faire de mutuelles concessions : que la volonté de l'un soit la volonté de l'autre ; que le plaisir de l'un soit le plaisir de l'autre toutes les fois qu'il n'y aura que l'amour-propre et la recherche de soi à en souffrir. Luttez de bonnes grâces, de condescendance, de dévouement. Cette généreuse émulation sera pour vous pleine de charme et vous perfectionnera l'un l'autre. C'est en effet l'un des fruits du mariage, qu'il est le plus précieux remède contre l'égoïsme humain et la meilleure école du sacrifice. Aussi Dieu a-t-il voulu que l'homme ne fût complet que dans la société de deux.

Dans cette société, mon cher fils, vous devez être le chef, et régner par la raison. A vous, ma chère fille, est réservée une royauté plus douce : vous régnerez par le cœur, vous rendant indispensable à votre époux par la douceur de votre caractère, la délicatesse de vos soins, l'honneur de votre vie.

Ainsi à vous deux vous préparerez à vos enfants un héritage d'ordre et de santé, qui fera leur gloire et leur bonheur. Dans les temps troublés où nous vivons, la famille est ébranlée sur ses bases. Que votre foyer soit comme une oasis où l'on voie refleurir les mœurs antiques. Vous en avez souvent, ma chère fille, recueilli la tradition de la bouche d'une vénérable aïeule qui a été pour vous une seconde mère. Les habitudes familiales d'autrefois, la prière en commun, l'assiduité aux réunions religieuses, l'observance de ces pratiques peu nécessaires en soi, mais si propres à élever nos cœurs vers Celui dont les bienfaits nous entourent et qui se cache à nos yeux, tout cet ensemble qui constitue la vie chrétienne, formera, avec la fuite des tentations semées sous nos pas, la meilleure sauvegarde contre les dangers qui viendront de vous et du dehors. Je me rappelle avec ravissement les années où, enfant, avec vos tantes et votre mère, sous le large manteau de la cheminée, devant un feu clair, nous joignions nos petites mains, appelant les bénédictions du ciel sur le père qui travaillait pour nous. Et ce père admirable, debout alors que tous dormaient encore, travaillant jusqu'au soir, bien tard, sans relâche, sans défaillance, nous le voyions chaque jour, brisé de fatigue, se recueillir et prier à genoux avant de livrer ses membres harassés au sommeil ; le dimanche à la messe, il avait sa place marquée au chœur, dans l'église, fidèle quand tout le monde l'était, comme quand presque personne ne le fut, et dans l'après-midi il nous donnait l'exemple de la vie de famille, entouré de ses amis venus pour se livrer avec lui à d'innocentes distractions. Voilà un exemple qu'il faut suivre, si vous voulez vous assurer l'amitié de Dieu, l'estime des hommes et votre amour réciproque.

Telles sont, si j'ai bien compris, vos intentions. Les soins que d'autres prodiguent à la parure de leur corps, vous les avez donnés à la purification de vos âmes. Vous allez vous unir intimement au divin sacrifice offert pour vous, en y participant. Le Dieu qui fait les vierges, mais aussi les époux chastes et vertueux, va descendre dans vos cœurs préparés pour le recevoir. Qu'est-ce donc qui pourrait faire obstacle à la grâce du sacrement? Vous la recevrez entière : grâce d'union pour le présent, grâce de force pour l'avenir.

Vous avez à pleurer, mes chers enfants, chacun l'absence d'un être cher qui aurait été heureux de vous bénir. Espérons qu'ils sont tous les deux dans le sein de Dieu présents à cette cérémonie. C'est devant eux, devant les anges, devant Dieu même, que vous allez échanger vos serments qui doivent confondre vos deux vies et faire de vos âmes une seule âme afin que, appuyés l'un sur l'autre, vous puissiez traverser sans encombre les épreuves qui vous attendent, faire l'œuvre de Dieu ici-bas et vous préparer une survivance heureuse pour l'éternité.

(à conserver.)

MACON, PROTAT FRÈRES, IMPRIMEURS

www.ingramcontent.com/pod-product-compliance
Lightning Source LLC
LaVergne TN
LVHW050518160826
845677LV00003B/1217

9782329635736